BEI GRIN MACHT SICH IHR WISSEN BEZAHLT

AF136059

- Wir veröffentlichen Ihre Hausarbeit, Bachelor- und Masterarbeit

- Ihr eigenes eBook und Buch - weltweit in allen wichtigen Shops

- Verdienen Sie an jedem Verkauf

Jetzt bei www.GRIN.com hochladen und kostenlos publizieren

Gestaltung einer erfolgreichen Präsentation. Zuhöreranalyse, Präsentationskonzept und PowerPoint-Präsentationen

Bibliografische Information der Deutschen Nationalbibliothek:

Die Deutsche Nationalbibliothek verzeichnet diese Publikation in der Deutschen Nationalbibliografie; detaillierte bibliografische Daten sind im Internet über http://dnb.d-nb.de abrufbar.

ISBN: 9783346307712
Dieses Buch ist auch als E-Book erhältlich.

Druck und Bindung: Books on Demand GmbH, Norderstedt Germany
Gedruckt auf säurefreiem Papier aus verantwortungsvollen Quellen

Das vorliegende Werk wurde sorgfältig erarbeitet. Dennoch übernehmen Autoren und Verlag für die Richtigkeit von Angaben, Hinweisen, Links und Ratschlägen sowie eventuelle Druckfehler keine Haftung.

Das Buch bei GRIN: https://www.grin.com/document/958711

Einsendeaufgabe

Modul:

Selbstmanagement

Alternative B

Studiengang:

Soziale Arbeit (B.A.)

Modulverantwortlichkeit:

SRH Fernhochschule

Datum der Einreichung:

23.10.2020

Inhaltsverzeichnis

Abkürzungsverzeichnis

z.B.	zum Beispiel
bspw.	beispielsweise
bzgl.	bezüglich
usw.	und so weiter
Vgl.	Vergleiche
u.a.	unter anderem
d.h.	das heißt
Bsp.	Beispiel

Abbildungsverzeichnis

Alternative B

1. Zuhöreranalyse

Die Zuhörer eines Vortrags stellen stets die wichtigste Personengruppe innerhalb einer Präsentation dar. Zuhörer haben immer eine gewisse Erwartungshaltung gegenüber dem Präsentierenden und dem Vortrag. Die Erwartungen der Zuhörer sollten stets ernst genommen werden und nach bestem Wissen erfüllt werden. Das Ende eines Vortrags soll für die Zuhörer einen Nutzen darstellen und einen Erfolg für den Vortragenden (Vgl., Hey, 2019, S. 45). Um diese Bedingungen zu erfüllen ist es von Vorteil wenn der Vortrag an die Zuhörer angepasst wird, das heißt es sind nicht nur inhaltliche Themen wichtig, sondern der Vortragende sollte auch wissen welche Erwartungen die Zuhörer an den Vortrag mitbringen. Ferner sollte sich der Vortragende im Vorfeld bewusst machen wer seine Zuhörer sind und welchen Bildungsstand die Zuhörer aufweisen. Diese und viele weitere Informationen sollten im Vorfeld der Präsentation zur Vorbereitung beachtet werden. Eine eindringliche Analyse der Zuhörer stellt in Bezug auf die Vorbereitung einer Präsentation einen wichtigen Faktor dar (Vgl., Wöss, 2004, S. 28-29). So kann die Zuhörergruppe A die Präsentation als Misserfolg verbuchen. Wohingegen die Zuhörergruppe B die Präsentation als Erfolg verbucht, da der Vortragende die unterschiedlichen Erwartungen wie z.B. das Vorwissen und die ungleichen Beweggründe der Anwesenheit der Zuhörergruppe B beim Präsentieren berücksichtigte (Vgl., Magerhans, Merkel & Cimbalista, 2013, S. 197). Zusammenfassend lässt sich also sagen, dass der Vortragende die Erwartungen seiner Zuhörer kennen sollte, um diese an seine Präsentation anzupassen. Ein wichtiger Aspekt ist hierbei der eigene Erkenntnisgewinn der Präsentation für die Zuhörer sowie die bewusste Auseinandersetzung mit der Thematik (Vgl., Hey, 2019, S. 46).

Die wichtigsten Punkte die der Präsentierende also vor der Präsentation analysieren sollte sind z.b. das Alter der Zuhörer, ob die Zuhörer freiwillig oder unfreiwillig an der Veranstaltung teilnehmen, wie sich die Erwartungen des Veranstalters und/oder Auftraggebers einteilen lassen, in welcher Branche die Zuhörer tätig sind, das Verhältnis zwischen Mann und Frau, der Wissensstand und fachliche Hintergrund der Zuhörer, Interessen der Zuhörergruppe, die Einstellungen der Zuhörer bzgl. Des Vortragsthema sowie mögliche Tabus im Kontext der Zuhörergruppe (Vgl., Hey, 2019, S. 46).

Eine Analyse der Zuhörer allein hilft jedoch nicht in jedem Fall, das Problem der unterschiedlichen Auffassungen der Zuhörer über das Präsentierte bleibt bestehen. Hierzu ein kleines Beispiel: Zuhörer B assoziiert mit dem Wort „Kindheit" positive Dinge wie z.B. Freiheit, Geborgenheit, Liebe. Zuhörer A dagegen assoziiert mit dem Wort „Kindheit" Jugendamt, Alkoholsucht der Eltern und Gewalt. So verdeutlicht dieses Beispiel, dass Menschen auf ganz unterschiedliche Weise Informationen aufnehmen und diese mit unterschiedlichen positiven oder auch negativen Dingen in Verbindung bringen und eine andere Bedeutung haben können. Die Heterogenität der Zuhörer wirkt sich auf den vorher genannten Sachverhalt stärker aus (Vgl., Hey, 2019, S. 46).

Die Präsentation bezogen auf das Fallbeispiel verfolgt das Ziel die bereits vorhandenen Sicherheitsbestimmungen des Kurierdienstes in Deutschland durch die Kurierfahrer zu bewirken. Während der Präsentation sind mehrere Abteilungsleiter der Kurierdienstfirma anwesend. So ergibt die Zuhöreranalyse bezogen auf die Freiwilligkeit oder Unfreiwilligkeit, dass Person eins bis drei freiwillig an der Präsentation teilnehmen, da sie ein Interesse an der Thematik haben. Sie sind der Meinung, dass die Sicherheitsbestimmungen einen direkten Zusammenhang mit rechtlichen Risiken und der Kundenzufriedenheit haben und damit eingehalten werden müssen. Die anderen Teilnehmer der Präsentation sind unfreiwillige Teilnehmer. Die Teilnehmer haben verschiedenen Einstellungen zum Thema Sicherheitsbestimmungen, so ist Person eins verantwortlich für die Vorgabe der Sicherheitsbestimmungen, Person zwei ist für die Einhaltung der Sicherheitsbestimmungen verantwortlich, während Person drei angibt, dass sich Kundenreklamationen aufgrund beschädigter Zustellungen häufen. Analysiert wurde wie bereits erwähnt der fachliche Hintergrund sowie der Wissensstand der Zuhörer, dabei kam heraus, dass Person eins für die Vorgabe der

Sicherheitsbestimmungen zuständig ist, dass heißt Person eins arbeitete die Sicherheitsbestimmungen aus und sollte mit ihnen am besten vertraut und eingearbeitet sein. Person eins sollte den höchsten Wissensstand über die betreffenden Sicherheitsbestimmungen aufweisen und sollte damit am meisten in der Präsentation angesprochen werden. Die Zuhöreranalyse ergab außerdem, dass Person eins deutlich älter als der Rest der Zuhörer ist. Das bedeutet, dass alle anderen Teilnehmer deutlich jünger sind als Person eins. Ferner ist zu sagen, dass Person eins und drei männlich sind, der Rest der Zuhörer sind weiblich. Die Analyse der Zuhörer gibt außerdem Aufschluss über die Erwartungen des Veranstalters bzw. des Auftraggebers, so sollen die bestehenden Sicherheitsbestimmungen nicht ausschließlich formaler Natur bestehen, sondern auch in der Praxis umgesetzt und eingehalten werden.

2. Präsentationskonzept

Die Zielsetzung einer Präsentation unterscheidet sich oftmals und ist von der Präsentationsart zu unterscheiden. So sind wissenschaftliche Vorträge an andere Ziele geknüpft als z.b. Businesspräsentationen oder Schulpräsentationen. So vermittelt eine wissenschaftliche Präsentation Objektivität in Bezug auf Informationen und Daten, während eine Businesspräsentation die Zuhörer durch Subjektivität in Bezug auf Positionen und Meinungen überzeugen soll (Vgl., Renz, 2016, S. 27). Die Frage welches Ziel der Vortragende mit seiner Präsentation verfolgt ist unabhängig von der Art der Präsentation und dem Umfeld in der die Präsentation referiert wird immer die gleiche. Jedoch können die Ziele in Bereiche eingeordnet werden. Informiert werden z.b. Zuhörer in Wissenschaft und Bildung durch eine Präsentation, Verkauft wird durch eine Präsentation häufig in Verkaufsbranchen. Überzeugt werden Zuhörer von Präsentationen, die ein Berater präsentiert, unterhalten wird sich bei gesellschaftlichen Präsentationen z.B. im Rahmen von Diskussionen. Üblich ist in diesem Zusammenhang die Vermischung dieser Ziele während der Präsentation (Vgl., Renz, 2016, S. 26-27). Eine eindeutige Ausrichtung einer Präsentation wird dem Zuhörer erst deutlich, wenn die Ziele der Präsentation klar verständlich ausformuliert werden. Ziele sind häufig abhängig vom Auftraggeber und nicht nur vom Vortragenden (Vgl., Hartmann, Funk & Nietmann, 2012, S. 25-26). Der Vortragende ist also an die Vorgaben und Ziele des Auftraggebers gebunden. Dies bedeutet wiederrum, dass der Auftraggeber seine Ziele so präzise und klar wie möglich ausformulieren muss. Gibt es Fragen oder Unklarheiten bzgl. der Ziele des Auftraggebers, sollte der Vortragende diese in jedem Fall vor der Ausarbeitung der Präsentation mit dem Auftraggeber klären (Vgl., Hütter & Degener, 2003, S. 38-39).

Anschließend erfolgt die Zielformulierung, dabei ist es wichtig das Ziel konkret und eindeutig zu formulieren. Dies wird erreicht, wenn folgende Punkte berücksichtigt werden: die schriftliche Ausformulierung, eine positive Formulierung, einen Nutzen bieten, die Messbarkeit und Prüfbarkeit der Ziele, die langfristigen Ziele sollten in Teilziele unterteilt werden (Vgl., Franz, 2008, S. 49; Vgl., Hütter & Degener, 2003, S. 39-40). Das Ziel muss für das Publikum der Präsentation gut erkennbar sein, die Klarheit des Ziels darf nicht zu klar sein, sonst fühlt sich das Publikum vor den Kopf gestoßen (Vgl., Hartmann et al., 2012, S. 26-27). In diesem Fallbeispiel lautet das Ziel für die Präsentation seitens des Auftraggebers: Die vorhandenen Sicherheitsbestimmungen sollen von den Mitarbeitern des Unternehmens motiviert eingehalten werden.

Jede Präsentation benötigt nebst einer klaren und eindeutigen Zielsetzung auch eine Kernbotschaft. Die Kernbotschaft der Präsentation erhält alle wesentlichen Aussagen der Präsentation und soll beim Publikum einen Denkprozess anregen, die das Publikum mit nach Hause nehmen soll. Die Amerikaner nennen die Kernbotschaft aus diesem Grund auch „Take Home Message". Ein Beispiel für eine sehr bekannte Kernbotschaft stammt von Barack Obama „Yes We Can" (Vgl., Garten, 2015, S. 74-76). Die Wirkung der Kernbotschaft wird verstärkt, wenn man die Kernbotschaft zu Beginn der Präsentation, zum Ende sowie während der Präsentation wiederholt (Vgl., Frehmann & Rui, 2018, S. 39). Um beim Publikum gezielt Emotionen und Gefühle anzusprechen, muss die Kernbotschaft individuell auf das Publikum zugeschnitten werden. Dies erreicht man indem der Vortragende bei der Entwicklung der Kernbotschaft, die Information aus der Zuhöreranalyse mit in die Kernbotschaft einfließen lässt. Dieses Vorgehen erhöht die Wahrscheinlichkeit der nachhaltigen Wirkung der Kernbotschaft beim Publikum. Um eine gute Verankerung im Gedächtnis der Zuhörer zu bewirken, ist es sinnvoll die Kernbotschaft mit kurzen, einfachen und prägnanten Worten auszuformulieren. So sollte die Kernbotschaft unter 140 Zeichen aufweisen und das wichtigste der Präsentation wiedergeben (Vgl., Engelfried & Zahn, 2012, S. 58-61; Vgl., Lamprecht, 2017, S. 40).

Für die Qualität einer Präsentation ist nebst der guten Vorbereitung eine gut strukturierte Gliederung der Präsentation essenziell. Auch für Präsentationen gilt im Allgemeinen die typische Gliederungsstruktur in Einleitung, Hauptteil und Schluss (Vgl., Motte, 2012, S. 76-77). Bei der Erstellung der Gliederung ist stets darauf zu achten einen roten Faden erkennbar zu machen. Bemerken die Zuhörer keinen roten Faden in der Präsentation, wird es ihnen schwer fallen aufmerksam zu zuhören und wichtige Erkenntnisse im Gedächtnis zu behalten (Vgl., Altendorfer & Hilmer, 2006, S. 140).

Die Zuhörenden sind während einer Präsentation zu Anfang und zu Ende einer Präsentation am aufmerksamsten. Somit gelten die Einleitung und der Schluss einer Präsentation als wichtigste Abschnitte, denn hier nehmen die Zuhörer am meisten Informationen auf. Die Einleitung und der Schluss sollten demnach aufregende und spannende Teile beinhalten. Unter kontrollierten Bedingungen durchgeführte Experimente haben gezeigt, dass Informationen, welche am Anfang oder am Ende stehen oder vorgetragen werden, deutlich präsenter sind und besser behalten werden als Informationen, welche in der Mitte stehen. Der Hauptteil wird subjektiv von den Zuhörern als deutlich kürzer wahrgenommen als er eigentlich ist, bei der Einleitung und beim Schluss verhält sich dies umgekehrt. Somit ist bei der Präsentationsgliederung darauf zu achten, dass der Fokus der Präsentation auf der Einleitung und auf dem Schluss liegt. Die Gliederung sollte maximal sieben Gliederungspunkte enthalten (Vgl., Hofmann, 2007, S. 63-67). Die Gliederung einer Präsentation, dient nebst Verständlichkeit und Nachvollziehbarkeit des Inhalts auch der emotionalen Einbindung der Zuhörer. Die Aufnahmefähigkeit des Publikums ist beschränkt, deshalb sollte das Präsentieren von Einleitung ca. 10 bis 15 %, der Hauptteil ca. 75 bis 80 % und der Schluss 5 bis 10 % in Anspruch nehmen (Vgl., Frehmann & Rui, 2018, S. 48-49).

Eine mögliche Gliederung zum Präsentieren des Fallbeispiel erfolgt nun:

Die Einleitung sollte mit einer Begrüßung starten, eine kurze Vorstellung des Vortragenden folgt. Die Gliederung bzw. Tagesordnung werden inklusive des zeitlichen Ablaufs vorgestellt. Anschließend wird das Publikum zum eigentlichen Thema hingeführt, dies wird mit Nennung des Präsentationsziels sowie der Kernbotschaft verdeutlicht (Vgl., Franz, 2008, S. 102; Vgl., Motte, 2012, S. 77-78). Da die Präsentationsgliederung dem Publikum als Orientierung dient, sollte die Gliederung zu Beginn der Präsentation dem Publikum vorgestellt werden. Ein Medium zur Vorstellung der Präsentationsgliederung könnte ein Flip-Chart sein, dies ermöglicht dem kompletten Publikum eine adäquate Sicht auf die Gliederung (Vgl., Hofmann, 2007, S. 63-64). Bei der Heranführung an das Thema der Präsentation gilt es darauf zu achten, dass die Zuhörer neugierig gemacht werden und das Interesse der Zuhörer geweckt wird. Es soll nicht mit langweiligem Gerede eingeschläfert werden (Vgl., Frehmann & Rui, 2018, S. 50-51). Die Aufmerksamkeit bzw. Neugier der Teilnehmer wird auf ein Paket, welches von vorne keinerlei Schäden hat, gelenkt. Die Teilnehmer werden danach gefragt, was es wohl mit diesem Paket auf sich hat. Die Antworten der Teilnehmer lässt der Vortragende einfach stehen und verdeutlicht den Teilnehmern in dieser Phase nur, dass das Paket im Laufe der Präsentation noch eine wichtige Rolle spielen wird (Vgl., Frehmann & Rui, 2018, S. 53).

Der Hauptteil einer Präsentation muss die Zuhörer überzeugen. Dies wird erreicht, wenn Bedürfnisse und Bedarfe der Zuhörer geweckt werden und das Publikum den logischen Ausführungen und Argumentationen folgen können (Vgl., Frehmann & Rui, 2018, S. 65). Hier kommt das bereits genannte Paket wieder ins Spiel. Das Paket wird vom Präsentierenden umgedreht, da auf der Rückseite ein Schaden des Pakets zu sehen ist. Nun müssen die Zuhörer die gestellte Frage erneut beantworten. Anschließend wird ein Zuhörer gebeten das Paket zu öffnen. Im Paket ist ein kaputter Gegenstand, passend zum äußerlichen Schaden des Pakets enthalten. Die Zuhörer der Präsentation werden so in die Lage des Kunden versetzt, der ein kaputtes Paket mit kaputtem Inhalt erhält. Dieses Beispiel soll den Zuhörern die Wichtigkeit der Sicherheitsbestimmungen aufzeigen. Nach der Sensibilisierung der Zuhörer kann der Vortragende dann erläutern wie solche Situationen ohne großen Mehraufwand durch Beachtung der

Sicherheitsbestimmungen zu verhindern ist. Anschließend zeigt der Vortragende noch verschiedenen Lösungsansätze auf und zählt die wichtigsten Punkte der Sicherheitsbestimmungen auf. Verstärkt werden die Punkte durch das ins Spiel bringen der Kernbotschaft (Vgl., Frehmann & Rui, 2018, S. 70-73).

Im Schlussteil der Präsentation fasst der Präsentierende die wichtigsten Aussagen der Präsentation kurz und deutlich für die Zuhörer zusammen. Durch das Zusammenfassen der zentralen Aussagen wird die Kernbotschaft nochmal untermauert (Vgl., Franz, 2008, S. 108). Zuletzt werden die Zuhörer durch Handlungsaufforderungen oder einen Wunsch erneut motiviert werden die Erläuterungen, bzw. die Sicherheitsbestimmungen einzuhalten (Vgl., Frehmann & Rui, 2018, S. 60). Nach einer Zusammenfassung der wichtigsten inhaltlichen Themen wird erneut das Paket hervorgebracht. Der Präsentierende zeigt den Zuhörern das schadensfreie Paket. Das Paket wird erneut durch einen Zuhörer geöffnet, diesmal ist die Ware in einem schadensfreien Zustand. Dann erhält jeder Teilnehmer der Präsentation einen Kugelschreiber mit einer Aufschrift der Kernbotschaft. Dies soll den Mitarbeitern die Wichtigkeit der Sicherheitsbestimmungen aufzeigen und die Mitarbeiter an die Kernbotschaft erinnern. Anschließend wird die Leitungsebene dazu aufgefordert die Botschaft in allen Teams und Abteilungen zu verbreiten. Dies soll dazu dienen, dass jeder Mitarbeiter die Dringlichkeit und Relevanz dieses Themas verinnerlicht. Abschließend bedankt sich der Vortragende bei den Zuhörern für die Aufmerksamkeit und wünscht perspektivisch viel Erfolg (Vgl., Motte, 2012, S. 78).

3. PowerPoint Präsentation

Nach der inhaltlichen Erarbeitung sowie der Gestaltung der Gliederung der Präsentation, geht es nun um die Gestaltung und Visualisierung der Präsentation mit Power-Point. PowerPoint eignet sich hierfür gut, da es verschiedene Einstellungen zur Gestaltung und Visualisierung beinhaltet. Bei der Visualisierung müssen typische Fehler, wie eine zu kleine Schrift, zu viele Folien und zu viele Effekte vermieden werden. Diese Fehler fallen dem Präsentierenden oftmals erst während der Präsentation auf. Eine Reizüberflutung oder Langeweile muss bei der Visualisierung und Gestaltung einer Präsentation mit PowerPoint verhindert werden. Nachfolgend werden wichtige Kriterien für die Gestaltung von Folien mit PowerPoint vorgestellt (Vgl., Hütter & Degener, 2003, S. 117).

Wird eine Folie betrachtete geht der Betrachter oftmals unbewusst immer gleich vor. Oben links wandert der Blick nach rechts rüber, von dort aus über die Mitte nach unten links. Diese Betrachtungsweise wird Zorro-Prinzip genannt. Ein anderes Modell beschreibt die Aufteilung der Folie vertikal sowie horizontal in drei Bereiche. Beide Modelle lassen sich kombinieren. Blickfänger sollten demnach oben rechts bzw. unten links auf der Folie positioniert werden (Vgl., Tuhls, 2013, S. 62-63). Der Ansatz für die Gestaltung eines Layouts mit PowePoint heißt grundsätzlich weniger ist mehr. Eine minimalistisch gehaltene Folie erlaubt dem Betrachter eine schnelle Lesbarkeit von Informationen sowie eine Fokussierung auf die wesentlichen Inhalte und Informationen. Als grundlegende Gestaltungshinweise dienen der Hintergrund, die Schriftgröße, die Farbwahl sowie die Folienanzahl (Vgl., Hüttmann, 2018, S. 20-21). Klar und gut leserlich muss die Schrift sein, auch sollte auf eine ausreichende Schriftgröße geachtet werden.

Exotische und reine Großbuchstaben sollten aus diesem Grund nicht in die Auswahl kommen. Bei der Farbwahl ist darauf zu achten, dass nur eine übersichtliche Menge an gedeckten Farben gewählt wird. Eine optische Homogenität der Folie führt beim Betrachter auf eine Lenkung der Aufmerksamkeit auf das wesentliche (Vgl., Hüttmann, 2018, S. 24-25). Allgemeine Kriterien für die Wahrung der Übersichtlichkeit sind: Text stichwortartig wiedergeben, maximal neun Zeilen pro Folie und fünf bis sieben Wörter pro Zeile (Vgl., Renz, 2016, S. 102). Ein Grundsatz bei der Gestaltung einer hervorragenden Präsentation ist, dass mit jeder Folie nur eine Aussage übermittelt wird. Die Umsetzung dieses Grundsatzes wird durch die Verwendung von „Action Title" garantiert. Unter „Action Title" werden Mini-Sätze, die die Kernaussage der Folie kurz sowie knapp zusammenfassen, verstanden. Durch diese Vorgehensweise sieht der Zuschauer auf den ersten Blick was der Inhalt bzw. die Aussage der Folie ist und kann sich anschließend der Visualisierung zuwenden. Der Zusammenhang von Überschrift und Visualisierung kommt so klar zum Ausdruck und dadurch wird vermieden, dass die Zuschauer den Anschluss verlieren (Vgl., Hüttmann, 2018, S. 21-22).

Bei der Gestaltung einer Folie sollte auf die Visualisierung von Text verzichtet werden und eine möglichst bildhafte Darstellung des Textes angestrebt werden. Zusammenhängende Texte dienen der Verwendung von Zitaten, Definitionen oder dem Fazit. Der Text kann durch Fotos, Smart Arts oder durch Diagramme ersetzt werden (Vgl., Hüttmann, 2018, S. 23). Bilder, Symbole und andere Dinge können vom Gedächtnis schneller als reiner Text aufgenommen werden (Vgl., Hütter & Degener, 2003, S. 178).

Im Folgenden wird die in der Aufgabenstellung geforderte Beispiel PowerPoint Folie gezeigt. Anhand der oben genannten Aspekte wurde die Folie mit PowerPoint erstellt. Der im Fallbeispiel genannte Marktführer für Kurierdienste ist in Deutschland die Deutsche Post DHL (Vgl., Statistica.com, 21016; Vgl., Statistica.com, 2018). Die Farbgebung des Kurierdienstes wurde entsprechen in der Präsentationsfolie verwendet. Um eine Reizüberflutung, wie in der Einleitung beschrieben zu verhindern, wurde auf zu viel Information auf der Folie verzichtet. Die Folie wurde schlicht und übersichtlich gehalten. Die Folie stellt die aktuelle Lage der Kurierfahrer da, sie stehen zwischen Sicherheit und Zeitdruck.

Abbildung 1:

1: Quelle: https://www.google.de/search?q=stoppuhr&source=lnms&tbm=isch&sa=X&ved=2ahU-
KEwiKyNrk08XsAhVF5uAKHXeRDhcQ_AUoAnoECBUQBA&biw=1368&bih=770&dpr=2#imgrc=
Vf4t9TrJZzkk-M, abgerufen am 21.10.2020

2: Quelle: https://www.ratioform.at/info/Richtig-verpacken/, abgerufen am 21.10.2020

3: Quelle: https://www.onlinehaendler-news.de/online-handel/haendler/11488-paketdienst-test-waren-beschaedigt, abgerufen
am 21.10.2020

4: Quelle: https://www.welt.de/kultur/article138435454/DHL-macht-dich-erst-zum-Troll-dann-zum-Buddhisten.html, abgerufen am 21.10.2020

4. Kommunikation

Während einer Präsentation werden vom Vortragenden fortlaufend bewusst oder unbewusst nonverbale Signale ausgestrahlt. Der Vortragende kommuniziert also, auch
wenn er nichts sagt (Vgl., Hey, 2019, S. 157). Für eine gute und erfolgreiche Präsentation muss der Präsentierende seine verbale und nonverbale Kommunikation direkt
steuern und seine inhaltlichen Aussagen mit Mimik und Gestik untermauern (Vgl.,
Meinholz & Förtsch, 2019, S. 423). Da der Anteil nonverbaler Kommunikation während einer sozialen Interaktion größer ist, zählt die nonverbale Kommunikation als
wichtiger als die verbale Kommunikation. Die para- und nonverbale Kommunikation
beeinflusst das Gespräch auf der Beziehungsebene wohingegen die verbale

15

Kommunikation vor allem der Informationsübertragung dient. Die Körpersprache hat einen Einfluss auf die Übermittlung verbal kommunizierter Inhalte. Das Gesagte während einer Präsentation sollte somit stets damit übereinstimmen, wie es ausgedrückt wird und welche Aspekte die Körpersprache des Präsentierenden vermittelt (Vgl., Hey, 2019, S. 159-160). Neben der Wirkung der Körpersprache, kommt innerhalb einer Präsentation die Stimme als Art der paraverbalen Kommunikation eine hohe Bedeutung zu. So lassen sich anhand der Stimme einer Person Emotionen und Gefühle erkennen (Vgl., Frehmann & Rui, 2018, S. 99-100). Die Stimme sollte den Zuhörern im günstigen Fall begeistern, überraschen oder überzeugen. Es sollte darauf geachtet werden, dass laut genug gesprochen wird. Es ist wichtig, dass nicht zu schnell gesprochen wird und die Stimme bzgl. Rhythmus, Lautstärke und Höhe variiert (Vgl., Bühler, Schlaich & Sinner, 2019, S. 85). Werden all diese Faktoren innerhalb einer Präsentation berücksichtig, so wirkt der Vortrag lebendiger und erfrischender. Ebenfalls lassen sich wichtige Elemente der Präsentation hervorheben (Vgl., Hey, 2019, S. 174).

Ein ebenfalls wichtiger Aspekt beim Vortragen von Präsentationen ist, der ständige Blickkontakt zum Publikum. Jeder Zuhörer des Vortrages sollte sich mit den Worten des Präsentierenden angesprochen fühlen und die Aufmerksamkeit des Vortragenden durch aktiven Blickkontakt erhalten. Die Gestik und Mimik eines Menschen sind wichtige Bereiche der nonverbalen Kommunikation und sollten auch innerhalb einer Präsentation aktiv genutzt werden. Die Mimik und Gestik des Vortragenden sollte eine gewisse Offenheit und Ehrlichkeit ausstrahlen, denn kein Zuhörer wünscht sich eine Schauspieleinlage oder angelogen zu werden (Vgl., Meinholz & Förtsch, 2019, S. 420-421). Die Gestik unterstützt die ausgesprochenen Wörter und stellt eine authentische Unterstützung dar. Als positiv auf die Zuhörer wirken eine aufrechte Körperhaltung sowie offene Gesten mit den Händen (Vgl., Bühler et al., 2019, S. 86-88).

Wie bereits erwähnt ist der rote Faden einer Präsentation ein wichtiger Aspekt beim Präsentieren. Doch auch eine schlüssige Argumentation ist ein wichtiger Aspekt einer erfolgreichen Präsentation. Es gibt viele Modelle, die eine schlüssige Argumentation hervorbringen. Ein bekanntes Modell ist das Pyramidenprinzip, dass im folgenden Abschnitt dieser Arbeit beschrieben wird. Das Pyramidenprinzip kann auf die gesamte Präsentation angewendet werden und sorgt dafür, dass Aussagen schlüssig als auch hierarchisch strukturiert werden. Die Spitzte der Pyramide stellt eine Kernaussage dar, diese wird durch die unteren Ebenen der Pyramide untermauert. Das Fundament der Pyramide beinhaltet Fakten, Daten und/oder Annahmen. Besonders bei komplexen Sachverhalten eignet sich das Pyramidenprinzip, da es komplizierte Sachverhalte kompakt und übersichtlich darstellt. Das Pyramidenprinzip eröffnet dem Vortragenden eine zeitschonende und effiziente Kommunikation, da die Kernbotschaft an der Spitze der Pyramide liegt und die darunter liegenden Ebenen an den Bedarf der Untermauerung angepasst werden können (Vgl., Graebig, Jennerich-Wünsche & Engel, 2011, S. 111-112). Der Aufbau der Pyramide ist variabel und kann von oben nach unten oder von unten nach oben erfolgen. So wird bei Businesspräsentationen häufig die Top-down-Kommunikations-Methode angewendet, da diese das richtige Verhältnis aus Geschwindigkeit und Detailgenauigkeit spiegelt (Vgl., Graebig et al., 2011, S. 113). Steht die Kernaussage der Präsentation bereits fest, so wird die Top-down-Methode angewandt. Gibt es eine Struktur für eine vorhandene Ansammlung von Argumenten und Fakten so lässt sich die Bottom-up-Methode anwenden. Bei der Top-down-Methode steht die Kernaussage an erster Stelle, diese wird daraufhin mit fakten gestützt. Bei der Bottom-up-Methode werden als erstes die Fakten angeführt, aus diesen werden dann Schlussfolgerungen abgeleitet (Vgl., Graebig et al., 2011, S. 117-119). Da die Kernbotschaft in Form von vorhandenen Sicherheitsbeispielen im Fallbeispiel gegeben ist, ist die Präsentation nach der Top-down-Methode aufgebaut und strukturiert.

Literaturverzeichnis

Altendorfer, O. & Hilmer, L. (Hrsg.). (2006). *Medienmanagement. Band 4: Gesellschaft-Moderation & Präsentation-Medientechnik*. Wiesbaden: VS Verlag für Sozialwissenschaften | GWV Fachverlage GmbH Wiesbaden. https://doi.org/10.1007/978-3-531-90249-4

Bühler, P., Schlaich, P. & Sinner, D. (Hrsg.). (2019). *Präsentation. Konzeption - Design - Medien* (Bibliothek der Mediengestaltung).

Engelfried, J. & Zahn, S. (Hrsg.). (2012). *Wirkungsvolle Präsentationen von und in Projekten*. Wiesbaden: Springer. https://doi.org/10.1007/978-3-8349-4258-6

Franz, S. (2008). *PowerPoint 2007. Handbuch der Präsentation; Konzept, Gestaltung, Aufbau, Vortrag, Profitipps, dos and don'ts* (Markt & Technik, Bd. 24111). München: Markt-+-Technik-Verl.

Frehmann, J. & Rui, M. A. (Hrsg.). (2018). *Vorhang auf! Sicher präsentieren mit dem Bühnenmodell*. München: Hanser. https://doi.org/10.3139/9783446455948

Garten, M. (2015). *Präsentationen erfolgreich gestalten und halten. Wie Sie mit starker Wirkung präsentieren* (2. Aufl.). Offenbach: GABAL.

Graebig, M., Jennerich-Wünsche, A. & Engel, E. (Hrsg.). (2011). *Wie aus Ideen Präsentationen werden. Planung, Plot und Technik für professionelles Chart-Design mit PowerPoint* (1. Aufl.). Wiesbaden: Gabler Verlag / Springer Fachmedien Wiesbaden GmbH Wiesbaden. https://doi.org/10.1007/978-3-8349-6562-2

Hartmann, M., Funk, R. & Nietmann, H. (Hrsg.). (2012). *Präsentieren. Präsentationen : zielgerichtet und adressatenorientiert* (Weiterbildung, Training, 9. Auflage). Weinheim und Basel: Beltz.

Hey, B. (2019). *Präsentieren in Wissenschaft und Forschung* (2., überarbeitete Auflage). Berlin: Springer Gabler. https://doi.org/10.1007/978-3-662-53609-4

Hofmann, E. (Hrsg.). (2007). *Überzeugend präsentieren. Wie Sie Präsentationen optimal vorbereiten und sicher vortragen* (2. Aufl.). Düsseldorf: Symposion.

Hütter, H. & Degener, M. (2003). *Praxishandbuch PowerPoint-Präsentation. Inhalte sinnvoll strukturieren · Charts professionell gestalten · Zuschauer überzeugen und begeistern.* Wiesbaden: Gabler Verlag. https://doi.org/10.1007/978-3-322-84463-7

Hüttmann, A. (2018). *Erfolgreiche Präsentationen mit PowerPoint. Mit wertvollen Tipps und Tricks* (essentials). Wiesbaden: Springer Fachmedien Wiesbaden. https://doi.org/10.1007/978-3-658-22143-0

Lamprecht, P. C. (2017). *PowerPoint und Prezi. Sehr gut präsentieren.* Berlin: Stiftung Warentest.

Magerhans, A., Merkel, T. & Cimbalista, J. (Hrsg.). (2013). *Marktforschungsergebnisse zielgruppengerecht kommunizieren. Ergebnisberichte - Präsentationen - Workshops.* Wiesbaden: Imprint Gabler Verlag. https://doi.org/10.1007/978-3-8349-3756-8

Meinholz, H. & Förtsch, G. (Hrsg.). (2019). *Führungskraft Ingenieur* (2. Aufl. 2019). Wiesbaden: Springer Fachmedien Wiesbaden. https://doi.org/10.1007/978-3-658-23906-0

Motte, P. (2012). *Moderieren, präsentieren, faszinieren* (Soft skills, Korrigierter Nachdr). Herdecke: W3L-Verl.

Renz, K.-C. (2016). *Das 1 x 1 der Präsentation. Für Schule, Studium und Beruf* (2., überarbeitete und erweiterte Auflage). Wiesbaden: Springer Gabler. https://doi.org/10.1007/978-3-658-10211-1

Statista.com (2016), *Umsatzstärkste Unternehmen im Teilmarkt Kurier-, Express- und Paketdienste in Deutschland im Jahr 2015,* in: https:// de.statista.com/statistik/daten/studie/387351/umfrage/umsatz-der-kepunternehmen-in-deutschland/, abgerufen am 29. 09. 2020.

Statista.com (2018), *Umsatzverteilung im KEP-Endkundenmarkt in Deutschland nach Anbietern im Geschäftsjahr 2017/18*, in: https://de.statista.com/ statistik/daten/studie/893381/umfrage/umsatzanteile-der-paketdienste-imendkundenmarkt-in-deutschland/, abgerufen am 29. 09. 2020.

Tuhls, G. O. (Hrsg.). (2013). *PowerPoint 2013 - Das umfassende Praxis-Handbuch* (mitp Professional). s.l.: Verlagsgruppe Hüthig Jehle Rehm.

Wöss, F. (2004). *Der souveräne Vortrag. Informieren - überzeugen - begeistern* (Linde international Ratgeber). Wien: Linde-Verl. Wien.